JEANNE D'ARC

CHRONIQUE DE FRANCE

LUE EN PARTIE A LA SOIRÉE LITTÉRAIRE

POUR

LA STATUE DE BERNARD PALISSY

PAR M. E. DE BLOSSAC.

1 franc

AU PROFIT DE L'ŒUVRE DE LA STATUE.

LA ROCHELLE

IMPRIMERIE DE Mme Z. DROUINEAU, RUE GROSSE-HORLOGE, 6.

1866

JEANNE D'ARC

CHRONIQUE DE FRANCE

LUE EN PARTIE A LA SOIRÉE LITTÉRAIRE

POUR

LA STATUE DE BERNARD PALISSY

PAR M. E. DE BLOSSAC.

1 franc

AU PROFIT DE L'ŒUVRE DE LA STATUE.

LA ROCHELLE
IMPRIMERIE DE Mme Z. DROUINEAU, RUE GROSSE-HORLOGE, 6.
1866

JEANNE D'ARC

CHRONIQUE DE FRANCE

...... « Ici, Messieurs, je vous demanderai la permission de faire une halte de quelques instants. Mais avant de quitter la Lorraine avec Palissy, laissez-moi déposer, moi aussi, mon humble tribut de reconnaissance et d'amour aux pieds de la sainte héroïne de Vaucouleurs, de cette sainte et sublime Jeanne d'Arc, dont le nom a été prononcé dans notre dernière conférence et dont un poète de notre cité a bien voulu venir célébrer les exploits et les vertus. Je la salue d'un hommage, comme chrétien et comme français ; je la salue aussi d'un regret, ne pouvant parler d'elle plus longuement. Mais ce sujet si attrayant, je le laisse, et avec confiance, à celui qui s'en est chargé. Grâce à lui, se trouveront associés dans un même hommage les deux noms populaires de Jeanne d'Arc et de Bernard Palissy. Jeune de cœur et d'esprit, sous ses soixante-seize ans, il a consenti à prêter le concours de son talent à notre modeste réunion. Quand les jeunes doutent, hésitent encore, il est beau de voir les vétérans des lettres donner l'exemple et crier : En avant ! (Applaudissements). Il y avait là une idée moralisatrice à favoriser, une bonne pensée à semer, quelque bien à faire ; vous n'êtes pas étonnés de trouver ici M. de Blossac. (Applaudissements). En le remerciant de son sympathique concours, je pense, Messieurs, n'être que l'organe de chacun de vous. » (Applaudissements).

Louis AUDIAT.

(Conférence sur les voyages de Bernard Palissy.)

18 Mars 1866.

JEANNE D'ARC

CHRONIQUE DE FRANCE

> ...... Le Seigneur vous a bénie en sa force, et il a anéanti nos ennemis par vos mains.
> JUDITH. ch. XIII, 23.

I

LE DÉPART

(1410-1429).

Sans nul souci de la guerrière,
Au doux repos des champs la Vierge s'enfermait.
    Frêle femme, sur la bruyère
    Le fier lion encor dormait.
Loin des camps, dont l'écho remplit tout le royaume,
La timide bergère, à l'abri du vieux chaume,
    Frissonnait aux bruits des combats;
Jeanne filait le lin, assise à la veillée,
Ou, le long des prés verts, sous l'ombreuse feuillée,
    Rêveuse, elle égarait ses pas.

Et cependant déjà sur elle
L'œil de son Dieu s'était reposé bien des fois ;
Pour son âme tendre et fidèle,
Déjà, d'elle il avait fait choix :
Car Dieu se plait surtout avec l'humble innocence.
C'est parmi les petits, souvent, que sa puissance
Va se révéler dans un cœur.
Moins, ce semble, aux regards le vase a de richesse ;
Et plus le ciel dans son argile avec largesse
Epanche une pure liqueur.

.·.

A Domrémy, pauvre village,
— Ensemble Bourguignon, Champenois et Lorrain, —
Jeanne, sous un toit de feuillage,
Laissait monter son front serein.
Fille d'un paysan, durement élevée,
Mais en crainte de Dieu, de bonne heure éprouvée
Aux maux que la guerre faisait,
De cœur la villageoise était toute à la France,
Avec les siens, prenant sa part de la souffrance
Où le peuple alors gémissait.

Or, un soir, pendant sa prière,
A l'oreille de Jeanne, une invisible *voix*,
Et d'une douceur singulière,
Parla pour la première fois :
« Jeanne, soufflait la voix, toujours sois bonne et sage. »
Plus tard, un bel Archange, au radieux visage,
Soudain à ses yeux se montra :
« Bergère, lui dit-il, sur toi le Seigneur veille.
» Entre d'oisives mains l'oriflamme sommeille....
» La tienne, un jour, haut le tiendra. »

— « Eh! comment le pourrais-je faire,
» Pauvre fille, vouée aux champêtres travaux ?
» Femme, comment mener en guerre
» Durs hommes d'armes et chevaux ? »
Alors l'ange reprit: « Dans la ville prochaine,
» A Vaucouleurs, habite un noble capitaine,
» Qui te fera conduire au roi.
» Son nom est Baudricourt : il t'attend. Sache ensuite
» Que deux sœurs, Catherine et sainte Marguerite,
» Seront sous la tente avec toi. »

La vision encor venue,
Jeanne à la fin comprit que c'était saint Michel ;
Elle n'eut plus crainte à sa vue,
Confiante en l'hôte du ciel.
Et l'ange lui parlait toujours de la patrie ,
Sous les pieds étrangers tant foulée et meurtrie :
« Ah ! disait-il, elle en mourra !
» Oui ! c'est pitié trop grande à la voir de la sorte :
» Va donc, Jeanne, éveiller la royale cohorte....
» Va... *Messire Dieu* t'aidera. »

Or, plus elle avançait en âge,
Plus le céleste avis lui revenait souvent ;
Et la *voix* n'avait qu'un langage :
« L'Anglais est là.... marche au-devant. »
Jeanne qui doute encor, flottante et combattue,
Remet de jour en jour... Mais enfin convaincue,
Elle ne veut plus de retards.
Malgré les pleurs des siens : « C'en est fait, leur dit-elle,
» Aujourd'hui, je connais qu'un grand devoir m'appelle ;
» Mon heure est venue... et je pars ! »

⁂

Seigneur, que ta main la conduise !
En son ardu chemin ne l'abandonne pas :
Car, dès l'abord de l'entreprise,
Quels dégouts !... combien d'embarras !...
Longtemps à ton Élue on ne voudra pas croire ;
Le secours qu'elle apporte aux Lys avec la gloire,
Longtemps on le dédaignera !
Et quand Jeanne dira, confessant sa faiblesse :
« Seule, je ne puis rien ; mais Dieu me mène en laisse, »
A Satan on la renverra.

Que sont les dédains de la terre
Pour celle à qui le ciel a montré son sentier ?
Son courage, sa foi sincère
Ne s'en laissent pas effrayer.
Vainement, sous ses pas, on hausse les obstacles,
On soupçonne ses mœurs, on dément ses oracles,
On tâche à la mettre en défaut ;
A tous ceux dont l'espoir en sa parole hésite,
Jeanne répond : « Michel bien souvent me visite ;
« Et j'ai les promesses d'en Haut. »

⁂

Et puis, dans sa langue mortelle,
Où le souffle de Dieu se trahit par moment :
« Pourquoi donc, continuait-elle,
» Ah ! pourquoi cet aveuglement ?
» Plutôt que de nier si longtemps mon message,
» En preuve, menez-moi vers le royal visage ;

» *Je le connaîtrai parmi tous.*
» Avant la mi-carême il faut que je le voie :
» Aussi j'irai, dussé-je user, pendant ma voie,
   » *Mes deux jambes jusqu'aux genoux !...*

» Car nul autre, ni roi ni reine,
» Fils ou fille de roi ne pourait rien sauver.
   » De la honte où la France traîne,
      Seule, je puis la relever !
» Dans la lutte — pour moi, quelle que soit la chance, —
» Seule j'ai mission, et seule j'ai puissance,
   » Pour châtier le Léopard.
» Avec les chevaliers, il faut que je m'en aille
» Aux créneaux reconquis, après rude bataille,
      » Du droit rapporter l'étendard !

   » Pourtant, près de ma vieille mère,
» Ah ! j'aimerais bien mieux demeurer à filer :
   » Car ce n'est métier de bergère,
      » La lance au poing, de batailler.
» Mais je dois obéir, puisque c'est Dieu qui parle.
» J'irai chasser Henri du royaume de Charle ;
      » Sachez donc le comprendre enfin.
» Et puis, l'Anglais à bas, moi faible, moi petite,
» Je mènerai, dans Reims, avec l'huile bénite,
      « Sacrer *Monseigneur le Dauphin.* »

II

LE DRAME

(1429-1431).

Telle, quand la mer en furie,
Sans frein, heurte et pousse ses flots,
De la nue ouverte Marie
Sourit aux pâles matelots.
A sa voix l'ouragan expire ;
La paix rentre au liquide empire ;
De l'éclair les feux sont éteints ;
Un vent propice enfle la voile ;
Puis, à la clarté de l'étoile,
Le vaisseau poursuit ses destins.

A temps ainsi, chaste Héroïne,
Tu te montras à ton pays ;
Tu vins arrêter la ruine
Où penchait la terre des Lys.
Dieu t'avait dit : « Je te fais forte ;
» Va donc ; sois ma guerrière... porte
» Le secours du ciel à ton roi. »

Et voilà que, comme un présage,
Chez l'Anglais le divin message
Déjà jette un secret émoi.

Ce n'est point une hypocrisie :
Ton zèle est vrai ; saint, ton espoir.
Entre toutes Dieu t'a choisie...
Dès demain il le fera voir.
Car, dans l'ombre des bois cachée,
De bonne heure s'il t'a cherchée,
Dès lors se faisant ton appui,
C'est encor sous sa main puissante,
Qu'à ses ordres obéissante,
Tu vas triompher aujourd'hui.

.*.

Enfin, docile à sa parole,
A Jeanne, un jour, Charle a dit : « Va ! »
Et tout aussitôt Jeanne vole ;
Devant Orléans la voilà.
Des Anglais bravant la colère,
A son étendard tutélaire
S'ouvre la fidèle cité ;
Dunois et Lahire et Xaintrailles,
Sans tarder, courent aux murailles :
Orléans est en sûreté.

.*.

Bientôt, c'est Beaugency qui tombe ;
Ensuite Meung et puis Jargeau.
Chaque jour l'étranger succombe ;
Jeanne compte un exploit nouveau.

Pour terrasser une bergère,
Les meilleurs tenans d'Angleterre,
En vain, ont uni leurs efforts ;
Comme on voit la mer courroucée,
Dont la folle vague est brisée
Au grain de sable de ses bords !

*
* *

L'esprit d'en Haut qui la possède
Se lit sur son front grave et pur ;
Tout en elle attire ; tout cède
Au charme de son œil d'azur.
Son cri de guerre est : « Délivrance ! »
Son vœu, c'est d'arracher la France
Aux mains d'un insolent vainqueur !
Tous exaltent sa calme audace.
Au cœur qui bat sous sa cuirasse,
Chacun voudrait hausser son cœur.

*
* *

Eh quoi ! Dieu bon, Jeanne est blessée !...
L'armée, en un commun effroi,
La voit, sur l'arçon affaissée,
Tomber de son blanc palefroi.
A terre gisante et pâmée,
Sa lourde paupière est fermée ;
Son sang rougit l'acier luisant !...
Mais bientôt elle se relève,
Et dit, en brandissant son glaive :
« *C'est de la gloire et non du sang !* »

Tu dis vrai !... La gloire demeure
Toute entière à toi, devant Dieu !
Achève l'œuvre ; voici l'heure
De son dénoûment au saint lieu.
A Reims marche avec tes cohortes ;
La basilique ouvre ses portes ;
Cours à l'autel ; ne tarde pas.
A côté du Dauphin sois fière
De montrer la même bannière
Dont tu l'ombrageais aux combats.

D'ailleurs, cet étendard fidèle,
Qui va reposer désormais,
Toujours à la peine avec elle,
Jeanne ne l'a quitté jamais.
C'était raison que, noir de poudre,
Sanglant, tout fumant de la foudre,
Il flottât sous l'œil du Seigneur,
Et qu'aux mains de son Envoyée,
La noble enseigne déployée
Eût aussi sa part de l'honneur.

Aux pieds du souverain arbitre
Qui pèse et qui juge les rois,
Charles vient d'un auguste titre
Faire encor consacrer les droits.
Au sanctuaire il s'agenouille ;
Son cœur humilié dépouille
Toute sa terrestre fierté ;
Et, comme en un second baptême,
Il reçoit, avec le saint-chrême,
Une nouvelle royauté.

Or, à présent, monarque, écoute
Jeanne, constante à te prier;
Cède à ses vœux ; couvre sa route
Jusqu'à son paternel foyer.
Son bras t'a fait roi ; la guerrière
Sait qu'elle a rempli sa carrière ;
Le jour est venu du repos :
A son chaume rends l'humble fille,
L'enfant aux pleurs de sa famille,
Et la bergère à ses troupeaux.

Mais, en vain la vierge soupire
Après l'ombre du toit natal.
A ses amis, comme à l'empire,
Un roi faible est toujours fatal !
En vain Jeanne insiste et supplie,
Sa tâche à bout, qu'on la délie.
Charle hésite à la renvoyer.
Que dis-je ? Il veut qu'avec l'armée,
A sa présence accoutumée,
Jeanne retourne guerroyer.

Il faut encor qu'elle reprenne
Le casque et le fer des combats !...
Mais ce n'est plus Dieu qui la mène ;
Cette fois, elle est seule, hélas !
Aussi l'intrépide pucelle
Tremble aujourd'hui; son pas chancelle
Au milieu de ses compagnons !
Et puis, un jour, la voilà prise,
En une trahison surprise,
Qu'on dût payer aux Bourguignons.

En grand tumulte on l'environne ;
On la raille de ses succès.
Bientôt à Rouen on l'emprisonne ;
Puis on commence son procès.
De son nimbe découronnée,
En haine à tous, abandonnée
Du roi qui lui doit ses états,
Dieu souffre que sa Sainte endure
La honte, l'affreuse torture
De lents et criminels débats.

Ses bourreaux nomment sacrilége
L'élan de sa naïve foi ;
Sa gloire fut un sortilége ;
Un crime, l'amour pour son roi.
Eh ! qu'importait son innocence ?
Dans leur cœur, avant la sentence,
Son arrêt était prononcé !
Aussi, comme une flétrissure,
Sur eux, pour cette forfaiture,
Son sang demeure ineffacé !...

Froide, pâle, mais résignée
Au sort qu'elle voit approcher,
En pardonnant, l'infortunée
Gravit le funèbre bûcher !
Au Dieu qui conduisit ses armes
Elle retourne sans alarmes :
Car elle a fait tout de son mieux !
Pourtant, à ce moment suprême,
Un souvenir de ceux qu'elle aime
Gonfle son sein, mouille ses yeux.

« Je vais mourir !... Adieu, dit-elle,
» Doux berceau, champs de Veaucouleurs !
» Beaux lieux, où la vie est si belle,
» Je vous quitte à peine... et je meurs !
» Cher pays, riantes campagnes !
» Vous, de Jeanne heureuses compagnes,
» Recevez son dernier adieu !
» Adieu mes sœurs ! adieu ma mère !
» Pour ta fille, grâce, ô mon père !...
» Elle obéissait à son Dieu ! »

C'en est fait !... Voici que la flamme
Tout à coup éclate, s'étend,
Court, monte, atteint la pauvre femme,
Et l'enveloppe en un instant !...
Maintenant, jouis de ton crime ;
Triomphe, Albion... la victime
Râle en son flamboyant cercueil !
Oui, bats des mains à cette proie !
Mais, fais vite : l'hymne de joie
Peut devenir un chant de deuil.

*
* *

Comme le creuset purifie
L'or dans la fournaise enfermé,
Au bûcher qui la sanctifie,
Le corps mortel est consumé !...
Mais, dans le moment qu'elle expire,
De sa courageuse martyre
Dieu veut éclairer les regards :
Elle voit, de sa couche ardente,
La vengeance déjà pendante,
Et la fuite des Léopards.

III

ÉPILOGUE

Eh ! cependant, ce front sans ombre et sans faiblesse,
Semblable au frêle épi que sur sa tige blesse
L'insecte dont le vol en passant le toucha,
Sous une impure haleine un moment se pencha.

Voltaire, honte à toi ; honte à ton œuvre infâme !
Anathème au talent sans pitié d'une femme !

Quelle âme avais-tu donc, que n'ont pu te toucher
Ses pudiques exploits... ses malheurs... son bûcher,
Dont les flammes encore épouvantent le monde !...
De tout cela tu fais une épopée immonde !
Tableaux, où ne pouraient se reposer les yeux
Sans rencontrer l'écueil d'un vers licencieux !
Lâche crime, dont rien n'absoudra ton génie !
Sur ton nom de Français constante ignominie !

Telle d'un jeune lis, la grâce du vallon,
Et qu'avaient épargné la pluie et l'aquilon,
Une horrible chenille, à l'aube matinale,
Souille de ses baisers la blancheur virginale.

On dit qu'un vif éclair de ton brillant esprit,
Parfois éblouit l'œil en cet obscène écrit....
Mais, plus haute est la voix, moins la lyre a d'excuse :
Le don prostitué... voilà ce qui t'accuse.

Enivré des parfums de ton coupable encens,
Voltaire, ah ! si ton siècle accepta tes accents,
En ces jours — dont le mal est ton œuvre en partie —
Si le cœur égaré, la raison pervertie,
Complices avec toi, t'avouèrent tous deux ;
Si nul ne rougissait d'un cynisme hideux...
La France d'aujourd'hui s'indigne de l'outrage !
La France de ses mains lacère ton ouvrage,
Et celle dont Dieu même avait béni le front,
Jeanne en une auréole a changé ton affront.
La sainte a reconquis sa gloire profanée,
Et du respect de tous demeure couronnée.

Ainsi, sous le soleil qui double ses poisons,
En spirale roulé dans l'herbe des gazons,
Veille, affamé de sang, un reptile livide.
Sous le fixe regard de sa prunelle avide,
Déjà, de branche en branche un ramier descendu,
Dans le piége béant va tomber éperdu !...
Quand, d'un suprême effort qui lui ravit sa proie,
A temps, du pauvre oiseau l'aile aux cieux se déploie.

Heureux mon humble chant, si parfois il grandit
A la hauteur d'un nom qui fait le tien maudit !
Poète, je n'ai pas ton haut vol dans l'espace ;
Quand je chante, la foule inattentive passe ;
Du moins, au noble cœur, en ton drame insulté,
Mon sympathique amour garda fidélité.

Jeanne nous appartient ; honneur à sa mémoire !
Mêlée à notre sang, sa gloire est notre gloire ;
Nos pieux souvenirs consacrent ses malheurs,
Et dans nos yeux rougis encor montent des pleurs !.......

OUVRAGES DE M. E. DE BLOSSAC :

Heures de Poésie, 1 volume.
Nouvelles Heures de Poésie, 2 volumes.

VIENT DE PARAITRE:

Fables, Contes et Sonnets, 2 volumes in-12,
Paris, chez Lecoffre.

AU PROFIT DE LA STATUE DE BERNARD PALISSY :

CHEZ TOUS LES LIBRAIRES DE SAINTES,

Bernard Palissy, 1 volume in-12, par M. Louis AUDIAT. — Paris, chez Aubry . . . . 3 fr.

Bernard Parici, dialogue en patois saintongeais et en vers, par M. E. GIRAUDIAS . . . . 0 fr. 60.

Bernard Palissy à ses Concitoyens sur la place où l'on doit ériger sa statue, par le même. . . . . 0 fr. 50.

Vers lus en soirée littéraire, à propos de Bernard Palissy, par M. E. FOURNAT . . . . 0 fr. 50.

Bernard Palissy phrenologue, poésie, par M. E. GIRAUDIAS, 30 c.

Nouvias âchetz tout frès pounuts à prepous de tchieu l'houme de piarre *(Brenard Paritchi)* qui l'avant piacé chez Laveugne, par M. l'abbé X. D. . . . . 0 fr. 50.